Gendern ist ...

wenn der Sachse
mit dem Boot umkippt

Eulenspiegel

Inhalt

Thomas Kupfermann • Die Zeiten gendern sich	5
Manfred Pankratz • Aus unserer Lokalredaktion	14
Es muss sich alles gendern	16
Arwed Willis Matscharek • Männer, Kampf dem Plural!	18
Frieder Heinze • Im Land der Täter und der Täterinnen	22
Dietmar Wischmeyer • Geschlechter	24
Claudia Hummelsheim • Edelbitter oder Ich bin es	26
Ina Holzhauer • Aus unserer Wissenschaftsredaktion	28
Geschlechtssensibel gesagt	30
Beate Hellbach • Gendern für Profis	32
Isabelle Reiff • Weniger ist mehr!	37
Was sonst noch passierte	40
Mal so gefragt ...	48
Aus unserer Hauptsdtadtredaktion	51
Sabine Semmler • Von dem Fischer und sine Fru	52
Siena Müllsie • Femini-Sprech	56
Sebastian Schneider • Immer Ärger mit Eva	58
Von unserem Auslandskorrespondenten Mark Twain	60
Thomas Kupfermann • Sprechen Sie noch, oder gendern Sie schon?	62

Thomas Kupfermann

Die Zeiten gendern sich

Soll eine Frau eine Fußgängerbrücke betreten? Gleichberechtigt und geschlechtersensibel kann sie nur über eine Zufußgehendenbrücke laufen.
Der Hinweis im Baumarkt »Unsere Mitarbeiter beraten Sie gern« dürfte nur angebracht werden, wenn es sich um einen reinen Männerbetrieb handelt.
Was heißt denn: »Radfahrer absteigen!« Da muss keine Frau den Fuß von der Pedale nehmen!
Der Sparkasse, die keine Kontoinhaberinnen kennt und ihre Anschreiben mit »Lieber Kunde« beginnt, sollte das Konto gekündigt werden!
Ein Formular, das die Unterschrift des »Antragstellers« verlangt, kann doch keine Frau unterzeichnen!

Moment mal, in der deutschen Sprache erfasst Fußgänger jeden, der zu Fuß geht. Antragsteller meint Frauen und Männer. Kunde schließt uns alle ein, Frauen wie Männer. Wenn es im Baumarkt heißt »Unsere Mitarbeiter beraten Sie« wird eine Mitarbeiterin oder ein Mitarbeiter Auskunft geben, Hauptsache, es lässt sich überhaupt jemand blicken. Wir alle sind Fahrradfahrer, ausgenommen die Autofahrer.

Nein! Wo ist da die Frau? - sagen Gender-Aktivisten. Wo bleibt denn da das biologische Geschlecht? Frauen sind bestenfalls »mitgemeint«, werden aber nicht »genannt«, sind nicht SICHTBAR. »Der Mann als Norm und Standardversion des Menschen wird uns von der Sprache aufgezwungen!«, und wer so spricht (oder von sich sprechen lässt), der akzeptiert und befördert patriarchalische Strukturen, gehört in die frauenfeindliche Macho-Ecke, zementiert die Macht der Männer. Die deutsche Sprache grenzt ganze Gruppen von Menschen aus. Die deutsche Sprache ist gewalttätig. Die »Gleichbehandlung der Geschlechter in der gesprochenen und geschriebenen Sprache« muss »hergestellt« werden! Gendern ist demokratische Pflicht!

Schon saust die Moralkeule nieder auf Menschen, die nicht gendern. Auf jene, die bis jetzt dachten und sich immer noch zu denken erdreisten, das Deutsche verfüge mit dem generischen Maskulinum über ein Mittel, ein Allgemeines auszudrücken. Die meinen, dass das biologische Geschlecht nicht mit dem grammatischen Geschlecht zu vermengen ist. Die grammatische Strukturen weder für »gerecht« noch »ungerecht« halten. Die Sprache als historisch gewachsen ansehen, die Sprachwandel innerhalb des Wandels der Gesellschaft verorten und nicht als Gegenstand sprachpolitischer Maßnahmen ansehen.
Sprachpolitik hat ihre eigene Geschichte, und mitunter eine sehr komische. Erinnert sich wer, dass das Wort Nase beseitigt werden sollte, ersetzt durch »Gesichtserker«? Der Philosoph durch »Unmäßwisso«? Das Telefon durch »Fernsprechgerät«? Von anderen, späteren schwarzen (genauer: braunen) Wortwolken-Fronten über der deutschen Sprache ganz zu schweigen. Jetzt seien es aber die Schönwetterwolken einer feministischen Linguistik, die eine sonnenhelle, gerechte Welt via gerechter Sprache verheißen!
Aber da beißt die Maus oder Mäusin keinen Faden ab: alle angebliche Notwendigkeit des Sprachumbaus fußt

auf der irrigen Gleichsetzung von Genus und Sexus und wird einzig aus dem *Empfinden* abgeleitet: ich, Frau (oder auch: ich Diverser) *fühle* mich nicht anwesend in der Sprache. Wie viele Frauen (und Männer) dieses *Gefühl* tatsächlich teilen, bleibt offen. Eine gegenderte Sprache löst das Allgemeine des generischen Maskulinums in Einzelteile auf und stupst uns alle Nase

lang auf das biologische Geschlecht, mithin sexualisiert die Sprache. Das erklärte Zeil der Gleichheit verkehrt sich in sein Gegenteil. Der Unmäßwisso Hegel wusste es: Ein getrenntes Allgemeines ist nicht mehr allgemein. Der war aber auch nur ein alter weißer Mann.

Die akademischen Debatten um eine gegenderte Sprache scheren den gern zitierten kleinen Mann auf der Straße und der eher selten zitierte kleine Frau selbigen Ortes lange Zeit wenig. Doch in Zeiten von Political Correctness hielt das Gendern Einzug in die Sprache der Politiker, der Medien und Behörden. Firmen, Institutionen und Stadtverwaltungen erlassen je eigeneGenderrichtlinien. Lehrstühle für Gender-Sprache und Gender-Studies schießen wie Pilze aus dem Boden. Gleichstellungsbeautragte kümmern sich nicht um Frauenförderung schlechthin, sondern um eine Sprache, die die Frauen »anwesend macht«.

Das Anhängen von »in« und »innen« bei Personen- und Berufsbezeichnungen war nur der Anfang. Im Ergebnis sind Sätze zu lesen und zu hören wie: Der Anteil der Frauen unter den Lehrer*innen ist hoch. Oder: Mädchen sind die besseren Schüler*innen. Oder: Ich will wie mein Vater Kriminalkommissarin werden. Zwangsläufig entstehende Fehlkonstruktionen werden als das kleinere Übel in Kauf genommen: Wer ein Ärzt*innenhaus aufsucht, kann sich zum Ärzt durchfragen, und wenn ein/e Patient/in den Pfleger*innen etwas mitteilen will, hat er/sie schlechte Karten bei den Pflegern, denn die haben sich aus dieser Wortbildung verkrümelt, genauso wie die Bauern wohl die Hände in den Schoß legen, während Bäuer*innen die Ernte einbringen. Aber das sind Petitessen, Hauptsache, wir verwenden »geschlechtssensible Formulierungen«, die wirklich jeden erfassen. Etwa dann, wenn sich Bürgerinnenmeisterinnenkandidatinnen zur Wahl stellen!

Über die Schreibweise solcher Wortungetüme herrscht noch Uneinigkeit: TischlerIn? Tischler/in? Tischler:in? Tischler*in. Jede/r, wie er/sie will. Nur der Rat für deutsche Rechtschreibung will nicht und weist darauf hin, dass Doppelpunkt, Unterstrich, Gendersternchen nicht dem amtlichen Regelwerk entsprechen und Verständlichkeit und Eindeutigkeit von Begriffen und Texten beeinträchtigen.

Das große Binnen-I haben Sprachaktivisten inzwischen als »unzureichend inklusiv verworfen«. Es sei nicht geschlechtssensibel genug und ignoriere die Nicht-Binären, die sich weder als Bürger oder Bürgerin, weder als Mann noch Frau verstehen, sondern zu einem der anderen 68 Geschlechter zählen.

Für das gegenderte Sprechen wurde die »geschlechtstrennende Pause« erfunden, in die nicht nur alle Frauen und Männer, sondern auch alle Genderqueeren reinpassen.

Als die öffentlich-rechtlichen Sender zur geschlechtssensiblen Sprache übergingen, dauerte es eine Weile, ehe der letzten Zuschauerin und auch dem letzten Zuschauer klar war, dass die Claus Kleber*innen nicht Asthmatiker*innen sind, sondern sensibel sprechen. Es bleibt noch viel zu tun: Wir dürfen gespannt sein auf das Sendeformat »Wer wird Millionär_in?« oder die neuen Folgen von Terra X, die da heißen »Die großen Entdecker_innen der Geschichte« und »Gigant_innen der Kunst«. Die Ratgeberreihe »Täter und Opfer« wird in »TäterInnen und OpferInnen« umbenannt.

Geschlechtssensibel ist schon gut, nur bleibt beim angehängten »in« eben doch das maskuline Grundwort erhalten. Wie wäre es denn mit geschlechtsneutral? Gender-Linguisten zogen eine andere Sprachbaustrategie aus der Tasche. Mit partizipialen Substantivbildungen machen sie aus Zuschauern Zuschauende, aus Hörern Hörende, aus Teilnehmern Teilnehmende. Die Streicher eines Orchesters werden zu Streichenden.

Preisrichtende küren Preistragende. Der Denker wird zu einem Denkenden herabgestuft. Studenten sind Studierende und wohnen demzufolge in Studierendenwohnheimen, wo sie in ihrer Freizeit sicher auch mal Studierendenfutter verzehren und somit Essende wären und danach vielleicht Schlafende. Ein schlafender oder essender Studierender ist aber nicht weniger absurd als ein toter Dozierender, während dem leider gestorbenen Dozenten durchaus das letzte Geleit zu geben wäre. Da kann sich der Student einreihen, der Studierende nicht, denn er studiert ja gerade. Das ist nun mal der Unterschied zwischen dem Status und der gerade ausgeübten Handlung, eine Differenzierung, die auf dem Altar der deklarierten Sprachgerechtigkeit geopfert wird.
Stellt sich die rechte Partizipialkonstruktion nicht ein, ist noch vieles andere möglich: aus Müttern werden Elternteile (ein Genderinstitut schlug vor, von werdenden Müttern als »austragendem Elternteil« zu sprechen), aus Ampelmännchen Ampelmenschlein, aus Amateuren Personen ohne Vorkenntnisse, aus Schneemännern Schneepersonen.

Nächster Sprachumbau: Wir führen das generische Femininum ein. Was das heißt? Na, den Spieß umdrehen. Es wird prinzipiell die weibliche Form verwendet. Die wissenschaftliche Begründung lautet: Wenn das weibliche Geschlecht im generischen Maskulinum gleichwertig ausgedrückt wird, gilt auch der Umkehrschluss, dass das männliche Geschlecht im generischen Femininum enthalten ist; wenn bisher die Frauen »mitgemeint« waren, sind eben jetzt die Männer »mitgemeint«. Gesagt, getan: Die Universität Leipzig war Vorreiter, also

Vorreiterin oder Vorreitende oder was auch immer, sie beschloss im Jahr 2013 die ausschließliche Anrede mit »Professorin«. Ja, genau, Herr Professorin hieß es nun. Anspruch auf Frauenparkplätze hatten die Herren Professorinnen allerdings nicht.

Wem das alles falsch in den Ohren klingt, wer es missverständlich findet, wer Texte nicht lesen mag, die wie ein Sternenhimmel in lauer Sommernacht aussehen, der hat eben nicht verstanden, dass die Zeiten sich gendern und noch viel mehr gendern werden! Am besten so, wie es die visionäre Gender-Linguistin Luise Pusch entwirft, die herausgefunden hat, dass die Zeit für einen Perspektivwechsel reif ist, um das generische Maskulinum nach dem »Rotationsprinzip« abzulösen: »Das Femininum ist erstens besser für Frauen, zweitens gerecht nach dem Rotationsprinzip – jetzt sind mal die Frauen dran – und drittens kürzer als Doppelnennungen. Ich bezeichne das generische Femininum als Empathietraining für Männer, damit sie mal eine Vorstellung davon entwickeln, was es eigentlich bedeutet, immer nur mitgemeint zu sein.« Auf das Rotieren folgt der Wissenschaftlerin zufolge ein Stufenmodell: »Erst mal müssen wir die Frauen in die Sprache hineinbringen, am besten mit dem generischen Femininum, aber das Ziel sollte später die Abschaffung der Endung ›in‹ sein ... Nach der Abschaffung des ›in‹ wollen wir zweitens das Neutrum für Personenbezeichnungen einführen. Wir hätten dann ›die, der und das Professor‹.«

Darauf darf sich das Sprecher der deutschen Sprache freuen, und das Leser dieses Buches kann sich schon mal fit machen!

Aus unserer Lokalredaktion
von Manfred Pankratz

Gestern waren in Berlin Handwerker*innenvertreter*innen eingeladen von den örtlichen Bürger*innenmeister*innen wie jährlich auch alle fünf Jahre von den Bundeskanzler*innen, in diesem Jahr vom amtierenden Bundeskanzler. Zu den Handwerker*innenvertreter*innen gehörten Maurer*innen, Tischler*innen, Schneider*innen, Müller*innen und Schmied*innen. Es war nur ein Zimmermann dabei – die weiblichen Menschen aus dieser Berufsgruppe nahmen die Einladung nicht an, weil sie nicht wussten, wie sie sich bezeichnen sollten. Die Dortmunder Handwerker*inneninnung wollte nicht hinter Berlin zurückstehen. Am Tag vor der Einladung der Handwerker*innenvertreter*innen mit den Bürger*innenmeister*innen in Berlin organisierte sie in Dortmund eine kleine Demo, um auf die Arbeitswelt hier vor Ort aufmerksam zu machen. So führte der Weg über die Präsident*innen-, Kronprinz*essinnen- und Kaiser*innenstraße. Dazu gesellte sich eine kleine Gruppe, die vom Dortmunder Borsigplatz kam, und zwar aus der Dreher*innen- und Schlosser*innenstraße.
Auf einer Wiese sahen sie gendergerecht eine Störchin, die gerade eine Fröschin verspeiste.

Es muss sich alles gendern

... etwas auf Vorderperson bringen

Was Hänschen und Gretchen nicht lernen, lernen Hans und Grete nimmermehr.

Gelegenheit macht DiebInnen.

Es ist noch kein*e Meister*in vom Himmel gefallen.

Ein/e Schelm/in, wer Böses dabei denkt!

... aus aller Herren, Frauen und Diversen Länder

AnglerInnenlatein

Was die in der Landwirtschaft Arbeitenden nicht kennen, fressen sie nicht.

Viele Kochende verderben den Brei.

Die das Kaiseramt innehabende Person ist nackt.

Der/die Kund/in ist König/in.

Kleine Geschenke erhalten die Freund*inschaft.

Alte Schwedin!

Männer, Kampf dem Plural!

Ein Aufruf von Arwed Willis Matscharek

Ein Phantom geht um in diesem Land, das Phantom einer Frauen unterdrückenden Sprache, das Phantom einer deutschen Sprache, die tagtäglich und landauf, landab das Werkzeug verderbter, überlebter Männerherrschaft ist. Und so wird Hand an sie gelegt, eine geballte sprachpolitische Allianz aus Wissenschaft, Behördentum und politisch korrekter Klasse hat zur Jagd geblasen auf den Bären des Sprachpatriarchats.
Aber halt, handelt es sich nicht um eine Bärin?
Die Sprache?

Allenthalben ist die Rede von geschlechtergerechter Sprache! Die deutsche Sprache sei androzentrisch, also männerzentriert. Unsere Sprache sei asymmetrisch, mit anderen Worten, Frauen kämen in ihr zu kurz. Diese Behauptung wird zum Banner, unter dem die Sprache mit lauter Stolpersteinen vollgestellt und der Wortschatz zum Feindbild deklariert wird. Worte und Texte werden aufgebläht, verstümmelt, zerstückelt und zerstottert. Welches Kapitel wird hier und heute aufgeschlagen? Das eines Irrwegs an falschem Bewusstsein, das die Wahrheit über den wirklichen Charakter des Phantombären vernebelt ...

Der Superbösewicht (natürlich männlich!), ist das sogenannte generische Maskulinum. Also jene Form von maskulinen Personenbezeichnungen, deren Bedeutung verallgemeinernd, das heißt unter Absehung vom biologischen Geschlecht verstanden wird und auch eine weibliche Form zu bilden in der Lage ist. ›Leser‹ kann ein Mann sein, kann aber auch ›alle Leser‹ bedeuten, eindeutig ist nur die ›Leserin‹.

Hammer & Säge
Gut, setzen wir bei diesem Thema unseren Verstand ein (ja, der Verstand, Maskulinum). Zunächst mal ist die Sprache ein Werkzeug. Sind Werkzeuge geschlechtergerecht, symmetrisch verteilt? Der Hammer, der Speer, klar, Patriarchat, alles männlich; dagegen die Nadel, die Schürze – klar, wie hier gegendert wird, Männerrollen, Frauenrollen, Unterdrückung: Hier Waffen & Krieger, da Näherinnen & Küche. Aber halt: Die Säge, die Keule? Der Topf?

Man sieht, alles nicht so einfach. Generisches Maskulinum, da ist alles klar: Frauen sind nur mit drin, werden durch den männlichen Artikel ›der‹ untergebuttert, weil Personen- oder Berufsbezeichnungen mit der Endung -er immer männlich sind (oder gesondert weiblich gemacht werden). Allerdings, grammatisch männlich, auch biologisch? Das spiele keine Rolle, wird ein Verfechter des ominösen Feindbilds sagen, nein, eine Verfechterin. Oder beide. Entscheidend ist, wie oder ob man sich gemeint fühlt. Als Frau fühlt man sich beim generischen Maskulinum immer ausgeschlossen – oder hat sich ausgeschlossen zu fühlen. Sagen die Verfechterinnen und die Verfechter, die Kämpferinnen und die Kämpfer für die gerechte Sache einer nicht diskriminierenden Sprache. Für die wir Männer auch sein sollen.

Bekämpfen wir endlich, was bei der Rede von der geschlechtergerechten Sprache immer verschwiegen wird: Die Übermacht der generisch femininen Formen! Die Wahrheit ist, seit es die deutsche Sprache gibt, ist in ihr Weiblichkeit überrepräsentiert. Oder genauer: dominant.

Kampf, Kämpfer, Kämpferinnen
Es ist so einfach, aber umso impertinenter ist es, darüber hinwegzusehen, dass im Deutschen, sobald man (!) mehr als eines oder einen meint, sofort der Artikel ›die‹ vorangestellt wird. ›Die‹, Femininum. In der Mehrzahl ist alles weiblich, egal ob es sich um Frauen, Sachen oder Männer handelt. Der Kampf, die Kämpfe. Der Kämpfer, die Kämpfer und (!) die Kämpferinnen, asymmetrischer geht es nicht. Noch eindeutiger wird die katastrophale linguistische Schieflage, wenn man vom Feld der Artikel zur Pronomenfrage übergeht. *Der* Dachdecker, *die* Dachdeckerin, *die* Dachdeckerinnen (doppelt feminin markiert) ...
Aber es heißt zudem *die* Dachdecker ... Ersetzt man (jaja) diese Mehrzahl (weiblich) durch ein Pronomen, was kommt heraus? ›Sie‹! *Die* Dachdecker. Und weiter: *Die* Gewerkschaft kämpft für *ihre* Löhne.
MÄNNER, MERKT IHR WAS?

Ihr steht unter einem weiblichen Sprachpantoffel, unter der Knute des Linguomatriarchats. DIE MEHRZAHL IM DEUTSCHEN ENTMANNT EUCH! WEHRT EUCH!

Die Mehrzahl muss weg – und ein einfacher Weg
Sagen wir es etwas differenzierter: Der Plural in seinen bisherigen Form muss abgeschafft werden. Er unterdrückt das männliche Element, diskriminiert, zwangsfeminisiert! Das kann einer geschlechtergerechten Gesellschaft nicht guttun, in der auch künftig Männer selbstbewusst ihren Platz finden sollen.
Der Weg aus der Diskriminierungskrise ist ein verblüffend simpler und gut durchzusetzender: Vereinheitlichen wir das Artikelsystem des Deutschen! Das löst alle generischen Probleme und Streitfälle, ist in verschiedenen Dialekten oder regionalen Umgangssprachen schon vorhanden und hat Vorbilder in anderen Sprachen, etwa dem Englischen. Die Rede ist vom Einheitsartikel >de<.
Das hieße: De Mann, de Frau, de Haus. De Männer, de Frauen, de Häuser. Und es würde nebenbei auch nonbinäre Personen nicht mehr ausschließen.
Männer, Verbündete (!), gehen wir es an.
ENTLARVT DAS LINGUALE MATRIARCHAT IN SEINER DREISTETEN ERSCHEINUNGSFORM!
Propagieren wir ein neues, gerechteres Artikelsystem, dekonstruieren wir das alte!

Frieder Heinze

Im Land der Täter und der Täterinnen

Der Kurier meldet: »Überfall auf Sparkasse. Der unbekannte Täter konnte fliehen.« Ob die Tat ein Mann oder eine Frau beging, bleibt offen. Wer allerdings zuerst an einen männlichen Täter denkt, hätte zumindest die Statistik auf seiner Seite: nur ein Viertel der Straftaten in Deutschland begehen Frauen. Das wissen auch Fernsehkommissare. Eine halbe Stunde tappen sie im Dunkeln, dann fragt Max: »Du, Freddy, und wenn der Täter eine Frau ist?« – »Klar, Max, dass wir daran nicht gedacht haben!« Würden Max und Freddy gendern, wäre das nicht passiert.

Haben Männer und Frauen nicht das Recht, gleichermaßen tatverdächtig zu sein? Die Domäne des Bösen gehört allen! Ist es nicht löblich, wenn Genderer uns das ins Sprachbewusstsein hämmern? Feuerteufel*in, Bösewicht*in, Langfinger*in, Taugenichts*in, Gotteslästerer*in, Steuerhinterzieher*in, Gewaltmensch*in. Doch Textauswertungen belegen, dass selbst eifrigste Gendersprecher konsequent nur bei positiv besetzten Wörtern zum Sternchen greifen. Wenn Wutbürger (ohne Sternchen) auf die Straße gehen, stellen sich ihnen Demonstrant*innen aus der Mittelschicht entgegen. Wenn Neo-Nazis aufmarschieren gibt es einen Gegenaufmarsch von Antifaschist*innen. Ein Tribunal für Kriegsverbrecher*innen hat genderesk noch niemand vorgeschlagen. Eher selten tauchen Terrorist*innen oder Islamist*innen auf. Und auch Ausbeuter*innen und Blutsauger*innen leben weitgehend unbehelligt von Kapitalismuskritikern. Bitte, Kampf den Expropriateur*innen!

Richtig gendern im Alltag

Dietmar Wischmeyer

Geschlechter

Die erste Aufregung hat sich gelegt, Zeit, um den absurden Vorgang mal in letzter Konsequenz zu betrachten. Ich habe es immer schon geahnt, dass nicht nur das soziale, das grammatikalische, sondern auch das biologische Geschlecht reine Illusion ist, wenn nicht gar von oben den Unterdrückten aufoktroyiert, um sie als Mann-Illusion und Frau-Illusion gegeneinander aufzuhetzen. Warum tragen denn wohl alle einen Schlüpfer, bitteschön, wenn nicht um die Gleichgeschlechtigkeit zu verbergen. Das letzte und endgültige Aufbäumen des eingebildeten Geschlechterdualismus sind das Rumgegendere und die Frauenforschung, als ob es überhaupt Frauen im engeren Sinne gäbe. Und rein logisch betrachtet existiert, wenn es keine zwei Geschlechter gibt, überhaupt keins, denn ein Geschlecht ist wie der Tag, der auch als Ereignis nur sinnvoll ist, weil es die Nacht gibt. Mit anderen Worten: Wir sind Regenwurm, können endlich den ganzen Romeo-und-Julia-Scheiß über Bord werfen. Auch nicht schwul und lesbisch – kaum historisch erkämpft – haben noch einen Sinn. Da wird die Sexualität selbst zum historischen Relikt, denn wozu sich wie der Regenwurm selber einen blasen. Sieht man, wie in den letzten Jahren immer mehr Annäherungen zwischen den behaupteten Geschlechtern in Verdacht gerieten, kann man nur froh sein, dass diese künstliche Mauer zwischen den Menschen endgültig eingerissen wurde. In der jetzigen Übergangsphase müssen wir zwar noch mit täglich wachsender Anzahl neuer Trans-, Cis- und Crossover-Varianten der Geschlechterdualität leben. Der Grundstein für eine endgültige Abschaffung des rein historisch bedingten Adam-und-Eva-Narrativs steht kurz bevor. Endlich wurde es gesagt: der biologische Unterschied zwischen Mann und Frau ist eine Illusion, ich bin mir mittlerweile aber auch sicher, dass es auch der zwischen Mensch und Schimpanse ist.

Claudia Hummelsheim

Edelbitter oder Ich bin es

Der Einkauf in meinem Lieblingssupermarkt hat mich mal wieder nervös gemacht. Ich wusste es vorher. Alle paar Monate erfinden sie neue Produkte, stopfen sie in die Regale und unsereins kann dann sehen, wo er oder sie bleibt. Ich wusste es, spürte es, es war wieder so weit. Ich betrat den Laden, legte Obst und Gemüse, Milch und Toastbrot in den Wagen und näherte mich vorsichtig der Süßigkeitenabteilung. Nicht, dass ich gierig bin und der plumpen Anmache der zahlreichen Billigsorten erliege. Nein, da habe ich eine, auf die ist Verlass. Die kaufe ich seit Jahren. Das Kribbeln beginnt, wenn ich mich den feineren Sorten zuwende, denen in dem länglich schmalen Outfit mit den verführerischen Sirenenrufen. Ich bin ein Odysseus. Ich will da vorbei. Nur fehlt mir die Mannschaft, mich in Stricke zu binden. Ich navigierte also Richtung Edelbitterschokolade und vibrierte dem Ankündigungstext entgegen. Entschlossene, herb-fruchtige Schokolade mit einer Idee würziger Männlichkeit. Ich zitterte. Polyamorös. Das Wort schoss mir in den Kopf. Kann eine Frau mehrere Schokoladen lieben? Zu jeder von ihnen eine echte, tiefe Bindung unterhalten? Polyamorös? Jetzt ist es heraus. Ich liebe die einfache, die unelegant komprimierte, langweilig vertraute Sorte einer gewissen Vollmilchschokolade und ich liebe die anderen, die feinen, sich ewig wandelnden edleren Sorten. Polyamorös, das Wort habe ich heute zum ersten Mal gehört und wusste sofort: Ich gehöre dazu.

Aus unserer Wissenschaftsredaktion
von Ina Holzhauer

Zu wenig Beachtung fand bislang ein Problem der deutschen Sprache, das spätestens seit Eintragung des Diversen als dritte Option der Personenstandskategorien eklatant zu werden droht. Welches Pronomen berücksichtigt und erfasst diverse Menschen? Jeder hat ein Recht auf sein Pronomen! Bundesweit arbeiten Linguisten an einer Lösung.

Während die Pronomen »ich«, »du«, »wir« oder »uns« geschlechtsneutral sind, fehlt in der dritten Person Singular im Deutschen eine geschlechtsneutrale Personenoption. Herkömmlich müssen wir zwischen »sie« und »er« entscheiden. Linguisten an den 250 Lehrstühlen für Gender-Studies arbeiten daran, diese Lücke zu füllen. Die Wissenschaftler betonen, keine strikte Norm oder Regel zu fordern, weil sie »Sprache als Handlung, nicht als Regelwerk verstehen«.

Eine Linguistin schlug die Einführung der Neopronomen »sier« (oder »xier«) vor. Das heißt: das Personalpronomen »sier« anstelle von »sie« und »er«; das Possessivpronomen »sies« anstelle von »ihr« und »sein«; der Artikel und das Relativpronomen »dier« anstelle von »die« und »der«.

Zum Personalpronomen »sier« im Nominativ gehören dann »sieser« (Genitiv), »siem« (Dativ) und »sien« (Akkusativ).

Bei den Relativpronomen entsprechend: dier, dies, diem, dien. Bei den Possessivpronomen braucht es, sofern der zugehörigen Person kein Geschlecht zugewiesen werden soll, zusätzliche Endungen. Hier werden Endungen auf

»a« vorgeschlagen. Die Linguistin formuliert Beispiele für die Sprachpraxis:
»Ich erinnere mich sieser gern.«
»Dier Einzige, dien ich kenne, dier Lakritze liebt.«
»Du schämst dich meinas Freund_in und euras Freund_in.«
Einen anderen Weg weist Lann Hornscheidt, Professor für Gender-Studies an der Humboldt-Universität: »Wir schlagen eine neue Form und eine neue Endung vor, die alle Menschen meint, entkoppelt vom grammatikalischen Geschlecht.« Solches kann das Wort »ens« leisten, der Mittelteil aus Mensch. Zu dem Pronomen »ens« tritt dann der bestimmte Artikel »dens« und der unbestimmte »einens«. »Ens« tauge als Pronomen, aber auch als Wortendung. Als Grundform können im Singular wie Plural alle Menschen damit benannt werden. Als Personenbezeichnung heißt es dann Studens, Lesens, Hörens. Aus dem Satz »Jeder Leser muss sein Abo vor Monatsende bezahlt haben« würde demzufolge »Jedens Lesens muss ens Abo vor Monatsende bezahlt haben.« Für Menschen, die sich als genderqueer oder nonbinär verstehen, schlägt er »ex« vor. Also Studex oder Lesex.
Die bahnbrechenden Gedanken des Professex aufgreifend, möchte dens Verfassens dieses Berichts darauf hinweisen, dass »ens« endlich auch das generalisierende Pronomen »man« ersetzen kann: »Man sollte gut nachdenken, bevor man seine Gedanken ausspricht« ist von gestern. »Frau sollte gut nachdenken, bevor sie ihre Gedanken ausspricht« ist Humor oder feministischer Aktivismus. Frei von Diskriminierung und zwangszugewiesenen Verortungen kann es nun heißen:
»Ens sollte gut nachdenken, bevor ens ens Gedanken ausspricht.«

Geschlechtssensibel gesagt

»WIE HERR- UND FRAULICH LEUCHTET MIR DIE NATUR ...«

»Alle Menschen werden Brüder und Schwestern!«

EINE MENSCHIN, WIE STOLZ DAS KLINGT!

»Es eifre jede/r seiner/ihrer unbestochnen, von Vorurteilen freien Liebe nach!«

»Der Tod ist eine Meisterin aus Deutschland.«

»Mein Sohn, was birgst du so bang dein Gesicht?« – »Siehst, Elternteil du, die das Amt des Erlkönigs ausübende Person nicht?«

Freue, freue dich, o Christinnenheit!

»Proletarierinnen aller Länder, vereinigt euch!«

»Schöne Person, darf ich wagen, meinen Arm und Geleit ihr anzutragen?«

Beate Hellbach

Gendern für Profis*

Halten Sie eine Arzttasche für sprachlich unverdächtig? Eine Raucherpause lediglich für gesundheitlich bedenklich? Anwaltskosten einfach für ein finanzielles Übel? Ein Rednerpult nur für ein Möbelstück?
Wie geschlechterunsensibel sind Sie denn drauf!
Diese Wörter gehören allesamt auf die Fahndungslisten der Genderer, müssen angeklagt, verurteilt und weggesperrt werden ...

Erstellen wir mit Hilfe der Dudenredaktion erst einmal ein Täterprofil!

Es geht um »einen der schwierigsten Bereiche des Genderns«, um »feste Wortformen, also Wortbildungen, die schon lange eingeführt sind und deren Stamm beziehungsweise Erstglied formgleich mit einem ›generischen Maskulinum‹ ist wie *Ärzteschaft* oder *Bürgersteig* oder *künstlerisch*«.
Aha, wir ahnten es schon, der Kopf der Wörterbande ist wieder mal das generische Maskulinum!
Wagen wir uns mutig hinein in dieses kriminelle Milieu! Die protzig-männlich daherkommenden Substantiv-Täter sind leicht zu überführen: Schon hat die Dudenredaktion für uns eine Professorengruppe dingfest gemacht und bläst ihr den Marsch beziehungsweise selbige zu einer Professoren- und Professorinnengruppe oder alternativ zur Gruppe der Professorinnen und

---

* Überschrift von der Dudenredaktion entliehen

Willkommen im Klugscheisser-Club!

Klugscheisser:innen, bitte!

Nein, Klugscheisser*innen.

Klugscheissende!

Professoren auf. Wir lassen uns auch nicht täuschen, wenn sich die maskulinen Anstifter im Täter-Duo mit weiblichen und sächlichen Substantiven tarnen und scheinheilig ihren Artikel drangeben. Die Dudenredaktion zeigt uns, wie man diese Missetäter auftreibt, ihnen die Schlinge um den Hals legt und sie aus dem Verkehr zieht: Nie mehr muss sich eine Frau an einem Rednerpult gedemütigt fühlen, sie wird locker ans Redepult treten!

Wir alle werden bei einer Zigarrettenpause statt einer Raucherpause viel besser entspannen.

Anwaltskosten können wir endlich geschlechtsneutral als Kosten für die Rechtsvertretung abrechnen.

Und wenn uns eine in der ärztlichen Versorgung tätige Person mit einem Medizinkoffer oder einer Behandlungstasche anstelle eines frauenverachtenden Arztkoffers zur Hilfe eilt, wird alles gut werden!

Danke, liebe Dudenredaktion, deine Vorschläge bringen uns weit nach vorn!

Du weist uns aber noch auf ganz andere Delinquenten hin, auf ziemlich gewiefte und gut getarnte Typen, die wir, zugegeben, noch gar nicht in Verdacht hatten. Nun lässt sich der Steckbrief vervollständigen, nämlich »mit Beispielen, an denen Sie auch sehen, worauf Sie gegebenenfalls achten müssen, um solche Zusammensetzungen überhaupt erst einmal zu erkennen«. Auf die Anklagebank setzt du solche toxischen Sprachfrüchtchen wie freund-lich, künstler-isch, jurist-isch, schriftsteller-n.

Wir haben verstanden, wo die Häsin im Pfeffer liegt! Wirklich überall macht sich maskuliner Alleinvertretungsanspruch breit!

Wir werden, ganz wie du vorschlägst, statt anwenderbezogen künftig praxisbezogen sagen, statt benutzer-

freundlich ausschließlich benutzungsfreundlich und statt leserfreundlich selbstverständlich lesefreundlich. Hoppla, was machen wir denn mit dem heimtückischen »Freund«? Der treibt doch nach wie vor sein Unwesen! Keine halben Sachen bitte! Nur ungern möchten wir Gnade vor Recht ergehen lassen, selbst wenn du, liebe Redaktion, geradezu menschinnenlich auf mildernde Umstände verweist:
»Nicht immer sind in diesen Fällen Wortbildungen mit femininen Stämmen möglich, nicht immer sind sie sinnvoll.«
Wohl wahr. Dieses diffuse Ding, das sich Sprachgefühl nennt, signalisiert auch uns, dass »freundinnenlich«, »kunstgestalterisch«, »juraistisch« oder »schriftstellernd tätige Personen« noch nicht das Gelbe vom Ei sind. Aber danke, liebe Dudenredaktion, dass du uns den Rücken stärkst:
»Wir wollen Ihnen Mut machen, eigene Ideen auszuprobieren.«
Genau, wir machen weiter auf unserem hauseigenen Kreativspielplatz der Sprache und melden uns bei dir, wenn wir was richtig Schönes gefunden haben. Du kannst dann all die wunderbaren Wörter in den Duden aufnehmen und ihn in »Die Dudin« umbenennen!

Weniger ist mehr!

Wir Deutsche haben wirklich ein Talent dafür, uns Probleme und Mehrkosten aufzuhalsen, als hätten wir von beidem zu wenig. Immer auf Fehlersuche – die geborenen Lehrer! – Ups: Falsch! Richtig: geborene Lehrerinnen und Lehrer oder besser Lehrkräfte, Lehrpersonen oder noch besser geborene Lehrkörper oder geborene Lehrerschaft?

Wissen Sie, wie viele Texte wegen der Geschlechtergerechtigkeit umgeschrieben werden müssen? – Zig Milliarden: Texte auf Schildern, in Broschüren, auf Internetseiten, in Schulbüchern, Anleitungen, Gesetzessammlungen und und und ...

Aber das ist gar nicht mein Hauptkritikpunkt. Das sehe ich eher als neue berufliche Perspektive für Tausende entlassener journalistisch tätiger Personen, deren fundierte Recherche heute durch vertrauensvolle Übernahme der Meldungen von Nachrichtenagenturen ersetzt wird – oder auch durch Copy and Paste im World Wide Web oder sogenannten »KI-Journalismus« ...

Viel schlimmer wiegt in meinen Augen der erhöhte Verbrauch an Papier, Energie und Kraft, denn eines ist ja wohl klar: Jedes Druckwerk wird durch die Umformulierung umfangreicher und schwerer! Argumentieren Sie jetzt nicht mit Schriftgröße! Einfach auf sechs Punkt runterzugehen ist alles andere als barrierefrei! Und Smartphones und E-Books sind es schon gleich gar nicht.

Darum schlage ich eine geniale Lösung vor – ein Umdenken, einen Paradigmenwechsel in der Selbstbetrachtung von Deutschstämmigen. Nämlich statt immer auf das zu schauen, was uns fehlt, sollten wir unser Augenmerk endlich einmal auf unser Add-on richten. Was das ist? – Das liegt doch auf der Hand! --> »das« – unser dritter Artikel!

Wie einfach lässt sich damit jeder Satz geschlechtsneutral umformulieren! Und da ist noch viel Luft nach oben, denn wer sagt, dass wir unsere Sprache nicht bald an noch mehr Geschlechter anpassen müssen? Um eine solche Ausuferung zu verhindern, schaffen wir »der« und »die« einfach ab und folgen dem Beispiel unseres großen Bruders aus Übersee: EIN Artikel reicht doch völlig aus!

Und damit sich das nicht nach schlechtem Deutsch anhört, hängen wir einfach ein »chen« oder »lein« an den Wortstamm, und schon stimmt es und liest sich auch gleich viel netter! Zum Beispiel das androzentrische Zitat unserer neuen Innenministerin Nancy Faeser: »Jeder Politiker sollte eine Ausbildung haben.« Ruckizucki sagt sie jetzt: »Jedes Politikerchen sollte eine Ausbildung haben.« Klingt das nicht sympathisch? Und gleich auch viel weniger angsteinflößend, ganz besonders bei so einer Headline: »Wenn das Zahnärztlein pfuscht«.

Auf diese Weise können wir auf »der« und »die« selbst bei originär geschlechtlichen Ausdrücken verzichten, was gleich viel natürlicher rüberkommt, hier: »Wenn das Weibchen älter ist als das Männchen«!

Große Klasse: »chen« funktioniert sogar im Plural, bleibt also unverändert. Da halten wir es wie die Amis mit ihrem »fish« oder »sheep«, siehe: »Die innovativsten E-Autoherstellerchen sind Tesla, BYD und Mercedes.« Oder: »Polizistchen in Zivil ertappen Kollegen bei Drogenkauf im Dienst.« Und bei »lein« hängen wir genauso einfach ein »s« dran, als Beispiel: »Welche

Gegnerleins jetzt bei der WM drohen.« Das Gleiche machen wir mit »Meisterleins«, »Seniorleins« und »Juniorleins« (im Sinne von Geschäftspartnerchen)!
Liebe Leserleins, konnte ich Sie überzeugen? Wenn ja, was ich mir nicht anders vorstellen kann, stimmen Sie bitte für meine Online-Petition auf www.bundestag.de! Sie hat schon einige Stimmen! Es ist unsere letzte Chance! Ich zähle auf Sie!!!

Ganz Ihr
Autorlein

Isabelle Reiff

WAS SONST NOCH PASSIERTE

»Menschen, die schwanger werden können«
Februar 2021, Antrag der Linken im Deutschen Bundestag für »Das Recht auf körperliche und sexuelle Selbstbestimmung und reproduktive Gerechtigkeit«
Im Fall einer ungeplanten Schwangerschaft stellt sich für viele Frauen und weitere gebärfähige Personen die Frage, ob sie schwanger bleiben und ein Kind gebären oder diese Schwangerschaft abbrechen wollen. ... Der Schwangerschaftsabbruch ist noch immer eine Straftat und nicht wie andere medizinische Leistungen, sondern im Abschnitt zu den Tötungsdelikten in den §§ 218 ff. des Strafgesetzbuchs geregelt. Menschen, die schwanger werden können, in der überwiegenden Mehrzahl Frauen, werden damit gesetzlich diskriminiert.

»Sehen und gesehen werden«
April 2014, Der Spiegel
Die Sappho-Frauenwohnstiftung hat geladen zur feierlichen Eröffnung des ersten Lesbenfriedhofs Deutschlands. In einer Erklärung der Stiftung heißt es, man wolle den Friedhof verstanden wissen als »Statement gegen die weitgehende Unsichtbarkeit von Lesben in Gesellschaft, Politik und Medien«. Die Sappho-Stiftung darf darüber entscheiden, welche Frauen hier beerdigt werden. Und sie hat verfügt, dass anonyme Gräber verboten sind. Das widerspräche dem Willen nach mehr Sichtbarkeit.

»Liebe deinen Nächsten und deine Nächste wie dich selbst.«
Oktober 2021, Pro. Das Christliche Medienmagazin
15 Jahre nach der ersten »Bibel in gerechter Sprache« soll die Arbeit an einer Neufassung beginnen. ... Eines der Markenzeichen der neuartigen Übersetzung ist, dass sie von Gott nicht als Herrn spricht wie im griechischen Urtext. Die »Bibel in gerechter Sprache« präsentiert stattdessen eine Vielzahl von Anreden in beiderlei Geschlecht, wie Adonaj, die Lebendige, der Ewige, die Heilige. Die Anrede des Vaterunsers lautet inklusiv: »Du, Gott, bist uns Vater und Mutter im Himmel«.

»Bitte noch gendern«
Juli 2022, Berliner Zeitung
Familienministerin Anne Spiegel ist morgen vor den Untersuchungsausschuss zur Ahrtal-Katastrophe geladen. Der Ausschuss will unter anderem herausfinden, warum die Lage am Tag der Flutkatastrophe mit 134 Toten auch von Spiegel vollkommen falsch eingeschätzt wurde. Die damals zuständige Umweltressortchefin in Rheinland-Pfalz und heutige Familienministerin Anne Spiegel (Grüne) gab am Nachmittag des 14. Juli eine Pressemitteilung frei. Darin hieß es, dass »kein Extremhochwasser« zu erwarten sei. In der Mitteilung wurden auch Ratschläge und Hinweise für Betreiber von Campingplätzen veröffentlicht, sollten ufernahe Bereiche überspült werden. Anne Spiegel soll ihrem Team vor Veröffentlichung der fraglichen Mitteilung geschrieben haben: »Konnte nur kurz draufschauen«. Und weiter: »Bitte noch gendern: CampingplatzbetreiberInnen. Ansonsten Freigabe.«

Letztinstanzlich
März 2018, Der Spiegel
Frauen müssen in Formularen nicht in weiblicher Form angesprochen werden. Das hat der Bundesgerichtshof entschieden und damit die Revision einer Sparkassen-Kundin aus dem Saarland zurückgewiesen, die auch in unpersönlichen Vordrucken als »Kundin« und nicht als »Kunde« angesprochen werden wollte. Die Klägerin Marlies Krämer, 80, ... pochte auf weibliche Ansprache. Der Bundesgerichtshof urteilte nun, eine männliche Ansprache allein verstoße noch nicht gegen das allgemeine Gleichstellungsgesetz. Dies wäre nur der Fall, wenn weibliche Kunden generell nachteilig behandelt würden. Das Urteil war mit Spannung erwartet worden. Hätte die Klägerin recht bekommen, hätten mehr als 800 verschiedene Sparkassenformulare umgeschrieben werden müssen – und mehr als 1600 Kreditinstitute in Deutschland hätten ein Problem bekommen.

Das punktet!
April 2022, Stern
Beim Scrabblespielen kann ab sofort gegendert werden. Spielehersteller Mattel führt für die deutschsprachige Version einen Genderstein ein. Der Stein mit der Aufschrift »*in« soll dazu beitragen, dass auch beim Scrabbeln eine geschlechtergerechte Sprache gepflegt wird. »Mit der Aktion regen wir zum Diskurs über den aktuellen Sprachwandel an und geben den Stein des Anstoßes zum Gendern«, teilte das Unternehmen mit. Wird der Stein richtig angelegt, gibt es dafür 10 Punkte.

Klage gegen Gendern gescheitert
Juli 2022, Märkische Allgemeine Zeitung
Gendersensible Sätze wie diesen wollte ein VW-Manager nicht mehr lesen: »Der_die BSM_Expert_in ist qualifizierte_r Fachexpert_in.« Geschrieben stand der Satz in einer Mail der Konzerntochter Audi. Eine Unterlassungsklage gegen den »Audi-Leitfaden für gendergerechte Sprache« hat das Landgericht Ingolstadt nun abgewiesen. Der Vorsitzende Richter Christoph Hellerbrand betonte, dass der VW-Mitarbeiter nicht zur aktiven Nutzung des Leitfadens verpflichtet sei, weil dieser sich nur an Audi-Beschäftigte richte. Bei VW sind solche Anweisungen bislang nicht ausformuliert worden. Auch die passive Betroffenheit des Klägers reichte dem Gericht nicht aus. Es gebe kein Recht, »in Ruhe gelassen zu werden«, sagte Hellerbrand.

Versprecher?
August 2022, Frankfurter Allgemeine Zeitung
(Ein prägnantes Beispiel fürs Gendern lieferte) Stefan Fuckert, Moderator der »Lokalzeit Südwestfalen« im WDR, der eine Brandmeisterin der Freiwilligen Feuerwehr befragt, die ihn ob ihres ehrenamtlichen Einsatzes und ihres Hauptberufes sehr beeindruckt. Sie sei nämlich, sagt Fuckert, »Intensivkrankenschwesterin«. Das könnte ein Versprecher gewesen sein, denken wir beim ersten Mal. Bei der zweiten »Intensivkrankenschwesterin«, als welche der Moderator, besser gesagt, der Moderierende, die Brandmeisterin tituliert, denken wir das nicht mehr. Wenn nicht nur der Krankenpfleger, sondern auch die Krankenschwester noch ein »in« hintendran braucht, dann handelt es sich um einen klaren Fall von – Intensivgendern.

Für ABC-Schützen
Juni 2018, Der Tagesspiegel
Fritz-Karsen-Schule in Britz wird »Schule der Vielfalt«: Die Schule ist die erste in Berlin, die dem bundesweiten Netzwerk angehören wird. Die Auszeichnung als »Schule der Vielfalt« wird am Sonnabend bei einem Schulfest gefeiert und bei der Gelegenheit wird auch das Schild am Schulgebäude enthüllt, das die Zugehörigkeit zum Netzwerk signalisiert: »Come in! Wir sind offen: lesbisch, schwul, bi, hetero, trans*, inter*, cis, queer« – so soll die Inschrift lauten. »Menschen unterscheiden sich nicht nur nach der Herkunft, sondern auch nach der sexuellen Orientierung und der Geschlechtsidentität«, sagt Schulleiter Robert Giese. »Das trifft natürlich auch auf unsere ohnehin sehr heterogene Schülerschaft zu. Wir wollen, dass sich alle bei uns wiederfinden und akzeptiert fühlen«.

Mehrheit der Deutschen ist gegen Gendersprache
Juli 2021, ZDF-Politbarometer
71 Prozent finden Verwendung von Gendersternchen und Sprechpausen »nicht gut«. Gendersprache in den Medien finden 48 Prozent zudem »überhaupt nicht wichtig«.

Glockenhell
Februar 2019, Der Tagesspiegel
Die Anwältin Susanne Bräcklein hat im »Tagesspiegel« gefordert, dass auch Mädchen in Knabenchören mitsingen dürfen. Alles andere sei Diskriminierung. Anlass war ein Fall beim Berliner Staats- und Domchor, der ein Mädchen abgelehnt hat, weil es ein Mädchen sei und der Domchor ein Knabenchor.

Gleichberechtigt!
November 2017, Der Spiegel
Vollversammlung der studentischen Weihnachtsmänner: Bisher durften Studentinnen an Weihnachten nur Engel spielen, nun sind bei der Vollversammlung der studentischen Weihnachtsmänner auch Weihnachtsfrauen erlaubt. ... Als Test hatte im vergangenen Jahr schon eine Frau mitmachen dürfen, die sich allerdings wie ein Mann verkleidete. Jetzt wird als neue Rolle die Weihnachtsfrau eingeführt.

Schöne neue Sprechwelt
Februar 2019, BZ
Es gibt viele Bezeichnungen für Mütter: Rabenmütter, Ökomütter, Yogamütter, Kampfmütter, Latte-Macchiato-Mütter, Helikopter-Mütter, Teilzeit-Mütter, Löwenmütter. Neuerdings ist die »working mom« dazu gekommen, was man als »berufstätige Mutter« übersetzen kann. Dass eine Frau mit Kind auch einer Erwerbsarbeit nachgeht, ist offenbar so ein Kuriosum, dass dafür extra ein Wort erfunden werden musste.

Da war doch was vor dem Gendern
August 2021, Berliner Zeitung
Im Osten hat sich das geschlechtergerechte Gehaltssystem der DDR erhalten. ... 30 Jahre nach der Wiedervereinigung stellt sich heraus, dass sich in den östlichen Bundesländern das Gehaltssystem der DDR erhalten hat. Die 2018 angegebenen Netto-Monatseinkommen der Frauen und Männer im Osten sind annähernd gleich. Im Westen dagegen sind die angegebenen Fraueneinkommen die Niedrigeinkommen und die der Männer die hohen Einkommen.

Mal so gefragt ...

 Ist ein ausschließlich mit Frauen besetztes Raumschiff eigentlich unbemannt?

 Gibt es Frauenmannschaften, ohne dass die Logik gefoult wird?

 Müssen Vereine nun zwischen Mitgliedern und Mitvaginen unterscheiden?

 Darf man noch »Altweibersommer« sagen?

 Haben die Frauen überlebt, wenn ein Schiff mit Mann und Maus untergegangen ist?

 Darf ich greteln, wenn ich gehänselt werde?

 Wie nennt man einen Rechtsanwalt für Genderfragen?
Innenverteidiger

 Im Standesamt:
Wollen Sie diesen Mann zur Frau nehmen?

Aus unserer Hauptstadtredaktion

Die 17. Bundesversammlung hat Dr. Frank-Walter Steinmeier am Sonntag, 13. Februar 2022, erneut in das Amt des/der Bundespräsident_in gewählt.

Die Bundesversammlung wird aus den 736 Mitglieder_innen des Deutschen Bundestages und ebenso vielen von den Volksvertreter:innen der 16 Bundesländer bestimmten Delegiert_innen gebildet. Der/die jeweilige Wählende hat seine/ihre Stimme bei dem/der Wahlleitenden abgegeben, und damit seinen/ihren Bundespräsident_inkandidat_in gewählt. Steinmeier erhielt im ersten Wahlgang 1.045 von 1.437 abgegebenen Stimmen. Auf die Mitbewerber:innen Steinmeiers entfielen 294 Stimmen. 86 Wählende enthielten sich ihrer Stimme, zwölf Stimmen waren ungültig. »Zwar seien die Machtbefugnisse des/der Bundespräsident_in beschränkt«, betonte der/die amtierende Bundestagspräsident_in seiner/ihrer Rede, »aber über die Macht des Wortes würden die obersten Repräsentant_innen uneingeschränkt verfügen. Es muss der Wettbewerb der Argumente zugelassen und den Bürger_innen noch mehr zugehört werden.«

Die Bundesversammlung endete mit der vom Blechblasendenensemble der Universität der Künste Berlin intonierten Nationalhymne.

Sabine Semmler

Von dem Fischer und sine Fru

Es war einmal ein Fischer und seine Frau, die wohnten zusammen in einer kleinen Fischerhütte, dicht an der See und fernab der Residenzstadt. Der Fischer ging alle Tage hin und angelte und angelte, und die Frau putzte die Hütte und kochte das Essen.

Eines Tages ging die Angel des Fischers auf den Grund, und als er sie heraufholte, da holte er einen großen Butt heraus. Da sagte der Butt zu ihm: »Hör mal, Fischer, lass mich leben, ich bin kein richtiger Butt, ich bin verwunschen. Setz mich wieder ins Wasser.«

»Nun«, sagte der Mann, »einen Butt, der sprechen kann, werde ich doch wohl schwimmen lassen.« Er setzte ihn wieder in das klare Wasser und ging zu seiner Frau in die kleine Hütte.

»Mann«, sagte die Frau, »hast du heute nichts gefangen?«

»Nein«, sagte der Mann. »Ich fing einen Butt, der sagte, er wäre verwunschen, da hab ich ihn wieder schwimmen lassen.«

»Hast du dir denn nichts gewünscht?«, sagte die Frau.

»Nein«, sagte der Mann, »was sollte ich mir wünschen?«

»Ach«, sagte die Frau, »das ist doch übel. Den ganzen Tag putze ich die Hütte und koche das Essen. Ich will eine Arbeit und mein eigenes Geld verdienen. Geh noch einmal hin und ruf den Butt. Er kann das gewiss.«

Der Mann wollte nicht recht, aber er ging doch hin, stellte sich hin an die See und rief:

»Manntje, Manntje, Timpe Te,
Buttje, Buttje inne See,

mine Fru de Ilsebill
will nich so, as ik wol will.«

Da kam der Butt angeschwommen und sagte: »Na, was will sie denn?«

»Ach«, sagte der Mann, »sie will nicht immer nur die Hütte putzen und das Essen kochen. Sie will zur Arbeit gehen.«

»Oh«, sagte der Butt, »tut mir leid, den Wunsch kann ich nicht erfüllen. Da muss sie sich selber kümmern.«

Die Frau kümmerte sich und bekam eine Arbeit in der Fischfabrik, wo die Fische, die der Fischer fing, in goldene Konservendosen gefüllt und in die Residenzstadt geschickt wurden. Und alles ward gut.

»Ja«, sagte der Mann, »so soll es bleiben.«

»Das wollen wir uns bedenken«, sagte die Frau.

Nach einiger Zeit sagte die Frau: »Wenn ich auf Arbeit bin, sind die Kinder allein zu Haus. Sie sollen in die Kita gehen. Mach dich auf den Weg und ruf den Butt.«

Der Mann wollte nicht recht und ging dennoch hin, stellte sich an die See und rief:

»Manntje, Manntje, Timpe Te,
Buttje, Buttje inne See,
mine Fru de Ilsebill
will nich so, as ik wol will.«

Der Butt kam angeschwommen und sagte: »Na, was will sie denn?«

»Ach, sie will Kitaplätze für unsere Kleinen.«

Der Butt sagte: »Den Wunsch kann ich nicht erfüllen, da muss sie sich selber kümmern.«

Die Frau kümmerte sich, und alles ward gut.

Der Mann sagte: »So soll es bleiben.«

»Das wollen wir uns bedenken«, sagte die Frau.

So ging es wohl nun eine Zeit lang, da sagte die Frau: »Hör, Mann, ich arbeite nicht weniger als du und krieg doch weniger Geld. Geh noch einmal hin, ruf den Butt.« Wir wissen schon: Mann an See, Sprüchlein rufen, Butt kommt: »Na, was will sie denn?«
»Ach«, sagte der Mann, »sie will gleichen Lohn für gleiche Arbeit.«
Der Butt bedauerte, den Wunsch nicht erfüllen zu können, da müsse sich die Frau schon selber kümmern. Und sie kümmerte sich, und alles ward gut. Sie kümmerte sich so sehr, dass sie die Chefetage der Fischfabrik bezog. Der Mann sagte: »So soll es bleiben. Nun wollen wir recht vergnügt leben.«
»Das wollen wir uns bedenken«, sagte die Frau, denn sie verspürte den Wunsch, in die Residenzstadt zu gehen und eine Rätin am Hof zu werden. Eines Tages sagte sie: »Hör, Mann, geh noch einmal zum Butt.«
Der Fischer ging an die See und trug dem Butt den Wunsch seiner Frau vor.
Da sagte der Butt: »Den Wunsch kann ich ihr erfüllen, denn Räte werden gewählt. Man wählt sie, wenn sie die rechten Worte finden. Wirf dein Netz aus, und ich will Sorge tragen, dass es sich mit schillernden Wortperlen und herrlichen Satzquallen füllt. Noch ein paar Gendersterntaler darübergestreut, und alles wird gut.«
Und recht vergnügt lebten der Fischer und sine Fru bis an ihr Lebensende.

Femini-Sprech

In nur zwei Schritten zum Gendsien!
Nach jahrelangsie Forschung kann ich Ihnen meine Siegebnisse vorlegen.

1. Frau sagt nie »er«, frau sagt immsie »sie«.
Nicht »immer«, sondsien immsie.
Nicht »sondern«, sondsien sondsien.
Nicht »der«, sondsie »dsie«. Nicht »einer«, sondsien »einsie«.
Nicht Bäcker und nicht Bäckerin, sondsien Bäcksie. Nicht Lehrer und nicht Lehrerin, sondsien Lehrsie. Und Lehrsiezimmsie. Schülsie, Kindsie, Bundeskanzlsie ... Leitsie, Hammsie, Wörtsie. Wintsie und Sommsie ...
Das klingt viel schönsie.

2. Frau sagt nicht Mann und nicht man, frau spricht immsie von Frau.
Frau trägt Frautel, wohnt in einsie Frausarde, fährt Sieta, spielt in einsie Frauschaft und trifft sich mit jefraudem.

Sie haben sichsie gleich vsiestanden, dass damit Frauen in dsie Sprache übsieall sichtbar wsieden!
So einfach kann psiefektes Gendsien sein.

Ich sieteile Untsiericht im Gendsien.
Für einen Intsienetkurs können Sie sich hisie anmelden!

Ihre Siena Müllsie

Sebastian Schneider

Immer Ärger mit Eva

Mittlerweile weiß jeder: Wenn wir sprechen, sollen wir stets an die Frauen denken. Das macht ein Mann mit durchschnittlichem Testosteronspiegel, habe ich irgendwo gelesen, 34 mal am Tag. Aber das ist damit nicht gemeint.

Ich gebe mir Mühe. Tatsächlich spreche ich auch schon viel besser. Selbst wenn ich fluche. Gestern fuhr ich mit Eva auf der Stadtautobahn. Ich setzte den Blinker, Stoßstange an Stoßstange rollten die Autos vorbei, ich kam nicht auf die Abbiegespur. Mir platzte der Kragen: »Ihr Vollpfostinnen, ihr Arschlöcherinnnen, ihr Hasenhirninnen!« Eva auf dem Beifahrersitz schniefte verächtlich.

Freund Bernd ist Fußball-Fan, wie ich. Seine Freundin Susi auch. Zu dritt ziehen wir sonnabends los ins Stadion. Wenn ich mich auf den Weg mache, sage ich zu Eva: »Kann später werden, ich geh mit meinen Freundinnen hinterher noch feiern.« Warum guckt Eva mich so misstrauisch an?

Als ich neulich beim Fernsehen auf die Grüninnen schimpfte, wies Eva mich zurecht: »Da hat der Habeck aber auch mitgemischt.« – »Nichts anderes habe ich gesagt!«, gab ich freundlich zurück. Eva zeigte mir einen Vogel.

Eva hat Geburtstag, meine Schwiegereltern haben sich angekündigt. »Liebe Gäste kommen«, begrüße ich sie, und noch rechtzeitig fällt mir ein, meine Schwiegermutter mit den Worten »... und liebe Gästinnen« in unseren Kreis einzuschließen. Eva winkt mich in die Küche und zischelt mir zu: »Hör endlich auf, gegen meine Mutter zu sticheln!«

Irgendwas mache ich falsch. Aber dass ich besser spreche als früher, das weiß ich.

Von unserem Auslandskorrespondenten Mark Twain

Der Erfinder der deutschen Sprache scheint ein besonderes Vergnügen daran gefunden zu haben, dieselbe so verwickelt zu machen, als nur irgend möglich. Jedes Hauptwort hat einen Artikel; aber da ist kein System und Sinn in der Anwendung desselben ... So hat z. B. ein junges Mädchen kein Geschlecht, während eine Steckrübe ein solches hat ... Man sehe sich einmal an, wie sich dies gedruckt ausnimmt:
Gretchen: Wilhelm, wo ist die gelbe Rübe?
Wilhelm: *Sie* ist in der Küche.
Gretchen: Wo ist das hübsche und wohlerzogene Mädchen?
Wilhelm: *Es* ist in die Oper gegangen.
Weiter mit diesen Artikeln. Ein Baum ist männlich, seine Knospen sind weiblich, seine Blätter sind sächlich. Pferde sind geschlechtslos, Hunde sind männlich, Katzen sind weiblich; des Menschen Mund, Nacken, Busen, Ellbogen, Finger, Nägel, Füße und Leib sind männlichen Geschlechts; Kopf oder Haupt ist männlich oder sächlich, je nachdem man eines dieser Wörter gebraucht, nicht also je nachdem ein Mann oder eine Frau das Ding trägt; eines Menschen Nase, Lippe, Schulter, Brust, Hüfte und Zehe sind weiblich; seine Ohren, Augen, Kinn, Beine, Knie, Herz und Gewissen haben gar kein Geschlecht. Aus dieser Zergliederung geht deutlich hervor, dass ein deutscher Mann sich zwar einbilden mag, er sei ein Mann, wenn er aber näher zusieht, muss er wohl daran zweifeln; er muss entdecken, dass er eine ganz lächerliche Zusammensetzung aller möglichen Geschlechter bildet.
Mit einem Wort, ich möchte Ihre geliebte Sprache vereinfachen. Bitte lassen Sie sich von mir sich beraten ...

Thomas Kupfermann

Sprechen Sie noch, oder gendern Sie schon?

Frei von der Leber weg sprechen ist out. Sprechen ist eine Extremsportdisziplin.
Sprechen ist wie Ninja Warrior*in! Trainieren Sie auf unserem Parkour!

Erste Station: Hau den Lukas!

Geben Sie Lukas, dem symbolischen Vertreter des Kollektivums, das sich »die Männer« nennt, ordentlich eins aufs Haupt.

Zweitens: Slalomstrecke

Peilen Sie Hindernisse in Gestalt verbotener und verpönter Wörter an (Hilfestellung leistet ein erfahrenes Trainerteam) und schlagen einen weiten Bogen darum.

Dritte Station: Zielwurf

Wählen Sie aus unseren Requisiten und schleudern Sternchen oder Stäbchen in ungerechte Wortgebilde.

Viertens: Pause

Entspannen Sie bei einem politisch so authentischen wie korrekten Satz: »Wir haben in der SPD-Fraktion *(Anmerkung: austauschbar mit anderen Gremien)* keine Rednerliste mehr, sondern eine Redeliste.«

Fünfte Station: Balanceakt

Überqueren Sie ein in luftiger Höhe gespanntes Seil, das sicher über den Abgrund aus grammatischen Strukturen führt.

Letzte Station: Baukastenspiel

Stapeln Sie unsere Sprachbausteine zu dem Satz:
Ich kenne keine Frauen und Männer mehr,
nur Mensch*innen.

Jetzt dürfen Sie buzzern.

Der Verlag dankt den Autoren und den Zeichnern für die freundliche Genehmigung zum Abdruck der Beiträge.

Die Cartoons zeichneten:

Timo Essner (29)
Fussel (35)
JotKa (50)
Hans Koppelredder (55)
Sebastian Krumbiegel (13, 23, 43)
Til Mette (10, 38)
Martin Perscheid (57, 61)
Scharwel (7, 25, 41)
Karsten Schley (14, 46)

© 2022 Eulenspiegel Verlagsgruppe Buchverlage GmbH, Berlin
Alle Rechte der Verbreitung vorbehalten. Ohne ausdrückliche Genehmigung des Verlags ist es nicht gestattet, dieses Werk oder Teile daraus auf fotomechanischem Weg zu vervielfältigen oder in Datenbanken aufzunehmen.
Umschlag: Verlag

Die Bücher des Eulenspiegel Verlags erscheinen
in der Eulenspiegel Verlagsgruppe.

Printed in EU

www.eulenspiegel.com